Dedicatoria especial

Otras obras del autor en español

¡Bienvenidos a bordo!, ¿Hay algún autor en la sala?, ¿Hay algún critico en la sala?, 13 y Martes, A corazón abierto, Amores a Ciegas, Apenas un instante antes del fin del mundo, Aviso de paso, Bar Manolo, Batas blancas y humor negro, Bien está lo que mal empieza, Breves del Tiempo Perdido, Cama y Desayuno, Cara o Cruz, Como un pez en el aire, Como una película de Navidad, Crash Zone, Crisis y Castigo, Cuarentena, Cuatro Estrellas, Cuidado frágil, Dedicatoria especial, Denominación de Origen no Controlada, Después de nosotros el diluvio, El cuco, El infierno son los vecinos, El Joker, El olor del dinero, El pueblo más cutre de España, El Rey de los Idiotas, El Último Cartucho, El yerno ideal, Ella y El, Monólogo Interactivo, Encuentro en el andén, Error de la funeraria a tu favor, Escenas callejeras, EuroStar, Flagrante delirio, Foto de Familia, Gay Friendly, Había una vez un barco chiquitito, Jaque Mate, La función no está cancelada, La ventana de enfrente, Los Náufragos del Costa Mucho, Memorias de una maleta, Milagro en el Convento de Santa María-Juana, Muertos de la Risa, Ni siquiera muerto, Nochebuena en la comisaría, Nochevieja en la morgue, Plagio, Por debajo de la mesa, Prehistorias grotescas, Preliminares, Pronóstico Reservado, Regreso a la escena, Sin flores ni coronas, Strip Póker, Un ataúd para dos, Un breve instante de eternidad, Un matrimonio de cada dos, Un pequeño asesinato sin consecuencias, Un pequeño paso para una mujer, un salto hacia atrás para la Humanidad, Una noche infernal, Zona de turbulencias.

JEAN-PIERRE MARTINEZ

Dedicatoria especial

La Comédiathèque
comediatheque.net

PERSONAJES

Carlos : el autor
Margarita : su esposa
Federica : su hija
Vicente : su yerno
Kevin (o Karla) : su nieto (o su nieta)
Catarina : su hermana
Alicia : la librera
Gerardo : el desconocido
Alan (o Alina) : su excolega
Flora (o Florencio) : la (o el) periodista
Jaime : el adjunto al alcalde
Paula : la cliente

12 personajes.

Algunos personajes pueden ser tanto masculinos como femeninos.

ISBN 978-2-38602-149-7

Una librería. Al fondo de las estanterías. A un lado, una mesa adornada con un bufé sencillo. Al otro lado, una mesa más pequeña, sobre la cual se encuentra una pila de libros. Carlos, el autor, elegante en sus sesentas, llega con algunas copas de champán en las manos. Lleva una camisa blanca y una chaqueta.

Carlos – ¿Quizás esto sea suficiente para los vasos, no? No vamos a ser tantos...

Alicia, la librera, de unos cincuenta años, entra con un bidón de gasolina en la mano. Es una mujer hermosa, pero su estilo de vestir un poco severo y su moño no la favorecen mucho.

Alicia – En primer lugar, no son simplemente vasos, sino copas de champán. Me sorprende que un hombre de letras como usted no sea más riguroso en la elección de su vocabulario...

Carlos – Bueno...Como seguramente tampoco es auténtico champán francés...

Alicia – Lo siento, nuestro presupuesto de comunicación aún no nos permite el Dom Pérignon.

Carlos – Como dijo el poeta francés Alfred de Musset : "No importa la bebida, si nos trae la embriaguez..." (*Luego nota el bidón que ella sostiene en la mano.*) Pero no piensa servirles gasolina sin plomo, ¿verdad? En ese caso, debemos prohibirles fumar...

Alicia – Es sidra...

Carlos – ¿Sidra?

Alicia – Y, por supuesto, sin alcohol.

Carlos – Ah, sí... Sidra sin alcohol... La última vez que lo bebí fue en la merienda de cumpleaños de mi nieto, creo.

Alicia – Al menos, si alguien tiene un accidente en el camino de regreso, no podrán culparnos por haberlo embriagado.

Carlos – Reconozco su optimismo... Pero ¿por qué en un bidón de gasolina?

Alicia – Sería un poco complicado de explicar... (*Él le lanza una mirada interrogativa de todos modos.*) Digamos que es una marca genérica que compré a granel a un amigo que trabaja por la mañana en un supermercado de descuento y por la tarde en una gasolinera...

Carlos – Ah sí... Es mucho más claro para mí ahora...

Alicia – Dice que es muy bueno... Y si no es tan bueno como champán, beberán menos... Después de todo, estamos aquí para celebrar la publicación de su novela, no para embriagarnos.

Carlos – A pesar de todo, creo que sería mejor no dejar el bidón directamente en el bufé...

Alicia – Tiene razón. Tengo algunas botellas de champán vacías en la cocina...

Alicia se va hacia la cocina y regresa con algunas botellas de champán vacías, que comienza a llenar con el contenido del bidón, con la ayuda de un embudo.

Alicia – Con el embudo, es muy cómodo.

Carlos – Realmente piensa en todo... Espero que también haya pensado en enjuagar bien el bidón... El sabor de la gasolina es muy persistente, ya sabe...

Alicia – Tiene razón... Le añadiremos jarabe de grosella.

Carlos – Es una muy buena idea. Pasará mejor con jarabe.

Alicia – Me siento como si estuviera preparando cócteles Molotov... Me recuerda a mi juventud...

Carlos – Vaya... Creo que es un episodio de su vida que ha omitido contarme hasta ahora...

Alicia – Será para otra ocasión. Nuestros invitados no tardarán en llegar...

Carlos – ¿Realmente cree que alguien vendrá?

Alicia – De lo contrario, ahogaremos nuestras penas en la sidra sin alcohol...

Carlos – Prefiero beber sidra adulterado con usted que champán de cosecha con cualquiera más.

Alicia – ¿Incluso con su esposa, Carlos?

Breve momento de vacilación, pero Carlos prefiere eludir y picotea una semilla en un tazón.

Carlos – Tienen un sabor extraño, estas cacahuetes...

Alicia – Son granos de maíz salados, eran más baratos... Pero es igual de bueno, ¿verdad?

Carlos – En ese caso... ¡Que comience la fiesta!

Kevin, aproximadamente de dieciocho años, llega.

Carlos – ¡Ah, hola Kevin!

Kevin – Hola, abuelo. ¿Cómo va todo?

Carlos – Alicia, le presento a mi nieto. Él fue quien me inició a la sidra sin alcohol hace algunos años... Pero tal vez ya lo conozca...

Alicia – En todo caso, nunca he tenido el privilegio de verlo en esta librería...

Carlos – Creo que hay un mensaje subliminal aquí, Kevin.

Kevin – ¿Subliminal?

Carlos – Uso deliberadamente una palabra rara al día cuando hablo con él, para tratar de enriquecer su vocabulario más allá de doscientas palabras... Lo que Alicia quería decir con ese insinuación apenas perceptible, Kevin, es que no debes abrir libros con frecuencia...

Alicia – ¿Qué quiere? Hoy en día, los jóvenes solo entran a una librería una vez al año, en septiembre, para comprar los libros del programa. Así que si Cervantes no aparece en la lista de útiles escolares en el instituto, llegan a la universidad pensando que es un futbolista o un youtubero.

Carlos – ¿Un youtubero?

Kevin – No debería usar palabras tan complicadas con él, señora... Pero, abuelo, parece que no hay mucha gente para tu sesión de dedicatorias...

Alicia – Vendrán, no te preocupes...

Kevin – ¿Has creado un evento?

Carlos – ¿Un evento?

Kevin – ¡Un evento en Facebook!

Carlos – ¿Para qué?

Kevin – ¡Para invitar a tus amigos!

Carlos – ¿Mis amigos?

Kevin – ¿Cuántos amigos tienes?

Carlos – No lo sé... ¿Amigos de verdad? Dos o tres...

Kevin – Ah, entiendo...

Alicia – Solo enviamos algunas invitaciones...

Carlos – También a la familia, por supuesto. Por correo.

Kevin – Invitaciones a la familia, de acuerdo... Como para un funeral, ¿no?

Alicia – ¡Como para un bautizo, más bien! Es verdad, este libro es un poco como su bebé, Carlos...

Kevin – Pero cuando dices por correo... ¿quieres decir por correo electrónico?

Carlos – ¡Por el correo postal!

Kevin – De acuerdo... Ambiente vintage, entonces.

Alicia – Y también pusimos un cartel en el muro, por supuesto.

Kevin – El muro de Facebook.

Carlos – ¡El muro de la librería!

Kevin – Claro...

El teléfono móvil de Kevin suena y él responde.

Kevin – ¿Sí? (*Alejándose*) Hola Max... No, estaba con mi abuelo aquí... No, no ese. El que conoces murió hace tres meses. Mi otro abuelo, el que escribió sus memorias, ya sabes...

Carlos (*levantando los ojos al cielo*) – Mis memorias...

Alicia – Usted es demasiado joven para escribir sus memorias, ¿verdad?

Kevin (*a Carlos*) – Paso más tarde, ¿vale, abuelo?

Carlos – Insiste en llamarme abuelo, no sé por qué.

Alicia – Le queda bien...

Kevin (*a su interlocutor telefónico*) – ¿Quién, Karim? ¿No? ¿Ah, sí? ¡Qué bien...! Ah, por cierto, ¿te hablé de mi nueva aplicación?

Sale. Carlos y Alicia se miran con desánimo.

Carlos – A veces me pregunto si vivimos en el mismo planeta, mi nieto y yo...

Alicia – A veces me pregunto si el planeta en el que vivimos usted y yo todavía existe.

Llega Margarita, la esposa de Carlos, radiante en sus cincuenta años.

Alicia – Ah, Margarita...

Carlos – Eres la primera, ¡es amable!

Margarita – Hola, Alicia. Paso rápido, todavía tengo a dos o tres clientas que atender en el salón. (*A Carlos*) Te dije que pasaras esta mañana también. ¡Mira cómo luces! ¡Te habría hecho un peinado! Si la periodista de La Gaceta te fotografía, imagina...

Carlos – Lo siento, realmente no he tenido tiempo. Acabamos de terminar. Y tampoco estoy seguro de querer parecerme a un presentador de televisión...

Margarita – Entre nosotros, Alicia, también debería haber venido a verme...

Alicia – ¿Cree que estoy mal peinada?

Margarita prefiere no responder.

Margarita – Entonces, ¿todo está listo?

Alicia – En un momento, pensamos que tendríamos que cancelarlo todo. Nos entregaron hace una hora, ¿te das cuenta?

Margarita – ¿Han contratado a algún catering?

Alicia – Eh, no... Hablaba del impresor... Una sesión de dedicatorias sin el libro del autor...

Margarita – Ah, claro... Pensé que estabas hablando de los aperitivos...

Alicia – Entonces, ¿qué opina?

Margarita – ¿Del bufé?

Alicia – ¡Del libro de su esposo! Imagino que fue su primera lectora...

Margarita – De hecho, preferí tener la sorpresa... Y luego, escribe tan mal... Quiero decir, cuando escribe a mano... Es como mi médico, ya sabe... Nunca puedo descifrar lo que está escrito en mis recetas. Así que un manuscrito completo, ¿se imagina? Afortunadamente, los farmacéuticos no escriben novelas. Bueno, lo siento, tengo que volver. Cierro el salón y vengo, ¿de acuerdo?

Carlos – Muy bien, hasta luego entonces...

Ella sale.

Alicia – ¿Usted también piensa que estoy mal peinada?

Carlos – ¿Está peinada como siempre, no?

Alicia – No estoy segura de cómo interpretar eso... Pero de todos modos, voy a arreglarme un poco antes de que lleguen los primeros invitados. ¿Puede cuidar la tienda por un momento?

Carlos – Claro.

Alicia – Aproveche para repasar su discurso.

Carlos – ¿Mi discurso?

Alicia – ¿Has preparado una pequeña intervención, no?

Carlos – ¿Qué tipo de intervención?

Alicia – ¡Como los Oscar! Agradezco a mi esposa, a mi editor...

Carlos – ¡No tengo editor! ¿Se está burlando de mí, verdad?

Alicia – ¿Escuchó a su esposa? La periodista de La Gaceta estará aquí. ¿Qué pondrá en su artículo si no dice unas palabras para presentar su libro?

Alicia está a punto de salir, pero Carlos la llama entregándole el bidón.

Carlos – ¿Puede dejar esto en la cocina de paso?

Alicia – Tiene razón, hará espacio...

Ella toma el bidón y sale. Carlos parece perturbado. Reflexionando sobre su discurso, empieza a murmurar algunas palabras inaudibles. Está tan concentrado que no ve entrar a Paula, una cliente, de unos treinta años y bastante atractiva.

Carlos (*en voz alta*) – Queridos amigos, ¡buenos días! No, aquí parezco un presentador de televisión... Queridos amigos, les agradezco en primer lugar por venir en tan gran número...

Paula lo observa hablar solo por un momento, con una expresión un tanto preocupada. Carlos finalmente se voltea y se sobresalta al verla.

Carlos – Perdón, estaba repitiendo mi discurso... Pero tranquila, trataré de no ser muy largo.

Paula – Ah, sí...

La cliente echa un vistazo por la tienda, aparentemente buscando algo.

Carlos (*señalando la pila de libros*) – Los libros están aquí.

Paula – Muy bien.

Carlos – Soy el autor.

Paula – Perfecto...

Carlos – ¿Quiere que le dedique un ejemplar? Será mi primera vez...

Paula – Es decir, que...

Carlos – ¿Viene para la sesión de firmas, verdad?

Paula – Uh... No, estoy buscando un cartucho de tinta para mi impresora. (*Saca un papel y se lo pone delante de la cara.*) Aquí anoté la referencia. ¿Tendría eso?

Carlos – Ah... Para eso, tendría que esperar a que vuelva la librera...

Paula – Perdón... Pensé que... En ese caso, será mejor que vuelva más tarde...

Carlos – No debería tardar... ¿Le ofrezco un cóctel mientras esperas? Si me promete no fumar justo después...

Paula – Gracias, pero mi peluquera me dijo que podía atenderme en cinco minutos...

Carlos – Cuidado con los minutos de peluquera.

Paula – ¿Perdón?

Carlos – Te dicen cinco minutos, y para ti parece que dura dos horas... Con las peluqueras, el tiempo pasa mucho más despacio, es un fenómeno bien conocido.

Paula – Ah, sí...

Carlos – Créame, vivo con una peluquera desde hace treinta años y siento que ha pasado una eternidad...

Paula (*un poco avergonzada*) – Muy bien... ¡Hasta luego entonces!

Ella sale.

Carlos – Bueno... yo también me voy a peinar un poco...

Él sale. Entran Federica, la hija de Carlos, y Vicente, su yerno.

Vicente – Mierda, creo que somos los primeros, ¿eh?

Federica – ¿Tú crees?

Vicente – Pues no sé... Como somos los únicos...

Federica – ¿Hay alguien?

Vicente – ¡No hables tan alto! Bien ves que no hay nadie...

Federica – Es para anunciar nuestra llegada... Es lo que se hace en estos casos, ¿no?

Vicente – En estos casos, también podríamos largarnos y volver cuando haya un poco más de gente. Te dije que no había que llegar tan temprano.

Federica – Es mi padre, después de todo... Por una vez que hace algo...

Vicente – Preferiría que hiciera una barbacoa, como todos... ¿Viste la pinta del bufé?

Federica – No venimos a comer...

La mirada de Vicente se dirige hacia la pila de libros.

Vicente – Me pregunto por qué venimos, de hecho. ¿Lo has leído?

Federica – ¿Qué?

Vicente – ¡Su libro!

Federica – Ah... Eh... No, aún no... Acaba de publicarlo, ¿no?

Vicente – Al menos, no tendremos que decirle lo que pensamos. (*Vicente se acerca a la pila y mira el título.*) Mi Parte de Sombra... Oh, mierda...

Federica – ¿Qué?

Vicente – Qué título más estúpido...

Federica – Es cierto que no da muchas ganas de leerlo...

Vicente – A menos que ya estés completamente deprimido.

Federica – Mmm... No huele a superventas de verano que se lee en la playa para olvidar los problemas.

Vicente – ¿Porque tienes problemas tú? (*Ella no responde.*) ¿Sabías que yo también escribía cuando era niño?

Federica – Ah, ¿sí? ¿Y qué escribías?

Vicente – Cosas diferentes... Poemas, por ejemplo...

Federica – ¿Escribías poemas? ¿Tú?

Vicente – Sí, bueno, fue hace mucho tiempo...

Federica – En cualquier caso, nunca me escribiste poemas a mí...

Vicente – Sí, bueno... Rápidamente entendí que no iba a tener éxito en la vida siendo escritor...

Federica – Está claro...

Vicente – Verás que nos sirven vino espumoso barato...

Federica – ¿Crees? A mí el vino espumoso me da gases...

Vicente – Nos largamos, te digo... Además, tengo algunas llamadas que hacer mientras tanto...

Federica – ¿No vamos a dejar la tienda así?

Vicente – ¿Cómo así?

Federica – ¡Sin vigilancia! Cualquiera podría entrar, servirse y largarse sin pagar...

Vicente – ¿Quién va a robar libros? Sobre todo el de tu padre...

Federica – No lo sé... Gente a la que le gusta leer...

Vicente – ¿Alguna vez has oído hablar de un atraco en una librería?

Federica – No...

Vicente – Volveremos en media hora, te digo.

Federica – Bueno, de acuerdo.

Están a punto de salir cuando Carlos regresa.

Carlos – ¡Ah, Federica, cariño!

Vicente (*susurrándole a Federica*) – ¡Y mierda...

Federica – Hola, papá...

Él besa a su hija antes de estrechar la mano de su yerno.

Carlos – Buenos días, Vicente.

Vicente – Hola Carlos, ¿cómo va? Entonces, ¿es el gran día?

Carlos parece un poco tenso.

Federica – Podrías haberte puesto una corbata... Con esa camisa blanca y el cuello abierto, así...

Vicente – Y esa cara de entierro.

Federica – Parece que te van a ahorcar...

Carlos – Es un poco la impresión que tengo, créeme... Aunque con esta aparente relajación, esperaba más bien parecer un poco al escritor de genio que no soy... Gracias por venir. Creo que sois los primeros...

Federica – Sí, eso me decía Vicente precisamente...

Vicente – No queríamos perdérnoslo, claro. Aprovechamos para hojear tu libro... Parece interesante...

Federica – El título, al menos, es muy llamativo...

Vicente – ¿De qué trata exactamente?

Carlos – Oh... De hecho, es la historia de...

Federica – ¿Mamá no está aquí?

Carlos – Está cerrando el salón y vendrá.

Vicente hojea el libro.

Vicente – ¡Ciento veintidós páginas! Pues vaya, no te has esforzado mucho...

Carlos – Para una primera novela... Digamos que no quería abusar de la paciencia de mis posibles lectores...

Federica – ¡Tienes razón! A mí los libros demasiado largos siempre me dan miedo de quedarme dormida antes del final... No, un libro pequeño como ese, además escrito en grande, estoy segura de que puede venderse bien...

Vicente – Si no es muy caro... ¿Tienes mucho stock?

Carlos – Hicimos una primera tirada de 300 ejemplares.

Vicente – Ah, vale... Tienes que tener más ambición que eso, viejo. ¡No puedes ser tan modesto! ¡Tienes que creer en ti mismo!

Alicia vuelve vestida de forma mucho más sexy y sin moño.

Alicia – Eso es lo que siempre le digo...

Carlos muestra su sorpresa al verla así transformada.

Carlos – Les presento a Alicia. Una librera como las de antes...

Alicia – ¿Quiere decir que pertenezco a una especie en peligro de extinción? Desafortunadamente, eso es muy cierto...

Carlos – En todo caso, si Alicia no me hubiera apoyado y animado desde el principio, nunca me habría atrevido a publicar esta novela... Alicia, le presento a mi hija Federica y a su esposo Vicente.

Alicia – Tu padre tiene mucho talento... ¿Tú también eres artista?

Federica – No, trabajo con mi esposo.

Vicente – Dirijo una empresa de carpintería industrial. Vendo puertas y ventanas.

Alicia – Un trabajo que no está tan lejos del mío. Los libros también son puertas y ventanas abiertas al mundo...

Vicente – Las mías son de PVC.

Alicia – Lamentablemente, con la competencia de internet, el trabajo de librero se ha vuelto muy difícil.

Vicente – Hay que vivir con los tiempos. Saber adaptarse. Si no, acabas desapareciendo, como los dinosaurios.

Carlos – Aunque los dinosaurios solo desaparecieron después de dominar el mundo durante 160 millones de años...

Alicia – Si esta librería cierra, lamentablemente, será reemplazada por un banco, una agencia inmobiliaria o una lavandería...

Carlos – O una sucursal de un grupo de carpintería industrial.

Vicente – El libro en papel es como la ventana de madera. Es una batalla perdida. Deberías pasarte al digital.

Alicia – O cambiar de profesión... En fin, esperemos que esta sesión de firmas atraiga a algunos lectores a esta librería antigua.

Federica – Los jóvenes de hoy ya no leen... Siempre se lo digo a Kevin. Yo a los quince años ya había leído todos los álbumes de Asterix.

Vicente – De hecho, no ha llegado más allá de las novelas de Harry Potter...

Federica – Hay que decir que en ese momento no teníamos internet.

Alicia – Les voy a servir una copa... ¿Algo de sidra, les apetece?

Federica – Con gusto...

Alicia se acerca al bufé para hacer el servicio.

Vicente – Pero oye, Carlos, no sabía que eras escritor. ¿Te vino tarde?

Carlos – No, es una pasión de juventud. Incluso envié manuscritos a los grandes editores. Pero nunca quisieron publicarlos...

Federica – ¡Ah, sí!

Vicente – ¿Qué te respondieron?

Alicia – "No se ajusta a nuestra línea editorial"... Esa es la fórmula consagrada.

Carlos – Aparentemente, lo que escribo no se ajusta a ninguna línea editorial registrada hasta el momento... Así que, bajo la amistosa presión de mi librera favorita, decidí publicar mi primera novela por cuenta propia. Como autor independiente...

Vicente – Ah, entiendo...

Federica – Ahora que estás prejubilado, podrás escribir más.

Vicente – Prejubilado... ¡A tu edad! Y nos preguntamos por qué el presupuesto de nuestro país está en déficit... A veces, también me gustaría trabajar en Correos.

Alicia – Para un antiguo cartero, convertirse en novelista es una forma como otra de seguir siendo un hombre de letras...

Federica – ¿Un hombre de letras?

Vicente – En fin, Federica... Un cartero, un hombre de letras...

Federica – Ah, sí... Por supuesto...

Vicente – ¿Sabías que yo también escribía cuando era niño?

Margarita vuelve acompañada de Jaime, el adjunto al alcalde.

Carlos – ¡Ahí está tu madre!

Margarita – Buenos días, Vicente... (*A Federica*) Buenos días, cariño... ¿Ya estáis aquí?

Federica – Sí, llegamos los primeros...

Margarita – Carlos, conoces a Jaime, el adjunto al alcalde...

Carlos – Muy honrado, Jaime. Pero no sabía que te ocupabas de la cultura...

Jaime – El adjunto de cultura no estaba disponible, desafortunadamente, pero me complace sustituirlo.

Alicia – Ah, sí... ¿Y te encargas de...?

Jaime – Del Servicio de Limpieza Pública.

Federica – ¿El Servicio de Limpieza Pública?

Jaime – La recogida de basura, el reciclaje, todo eso...

Carlos – Ya veo... Y estoy aún más honrado con tu presencia aquí, Jaime.

Jaime – En todo caso, tienes una esposa encantadora. Y siempre tan bien peinada...

Carlos – Mi primera dedicatoria será para ti, Margarita. ¿Qué pongo?

Alicia – ¿A mi musa?

Momento de vacilación.

Carlos – Pondré "A mi esposa"...

Firma un ejemplar del libro y se lo entrega a Margarita.

Margarita – Gracias... Así podré leerlo...

Carlos – Sí... ¿Por qué no?

Jaime echa un vistazo a la portada del libro.

Jaime – "Mi parte de sombra"... Muy llamativo, el título... ¿Y de qué trata?

Carlos – Pues...

Es interrumpido por el regreso de Kevin.

Federica – ¡Ahí está Kevin! No sabemos qué vamos a hacer con él. Acabamos de enterarnos de que repite la clase, fíjate...

Carlos – ¿Otra vez...?

Vicente – Debe pensar que el instituto es como Correos. Que se avanza por antigüedad...

Federica – Se pasa el tiempo desarrollando aplicaciones para móviles... Probablemente piensa que así va a hacerse rico...

Kevin – Ya ha sucedido...

Vicente – Vamos, deja de soñar, Kevin.

Carlos – ¿Qué aplicación es esa?

Kevin – ¿Sabes qué es la numerología?

Alicia – Vagamente.

Kevin – Mi idea es muy simple, ya verás... (*A Carlos*) Aquí, pásame tu móvil, abuelo, te instalaré la aplicación...

Carlos le entrega su teléfono móvil a regañadientes, y Kevin pulsa en el teclado.

Kevin – Aquí está el principio... Le pides el número de teléfono a una chica. O a un chico, obviamente, también funciona. Lo introduces en tu móvil, y la aplicación te indica el grado de compatibilidad amorosa entre vosotros dos.

Alicia – ¿El grado de compatibilidad amorosa?

Carlos – Nunca lo he escuchado usar términos tan sofisticados...

Kevin – En resumen, te dice si tienes posibilidades de ligar.

Alicia – ¿Según los números de teléfono?

Carlos – Ah, sí, de hecho, es muy simple. Pero no sabía que eras especialista en numerología.

Kevin – Inventé el programa yo mismo. El software suma todos los dígitos que componen tu número de teléfono y los de la chica. Si la suma es la misma, ¡bingo! Es amor a primera vista. Si no, cuanto menor sea la diferencia, más posibilidades tienes de ligar...

Jaime – Ah sí, solo hacía falta pensarlo.

Kevin – Claro, hay que creer en la numerología...

Vicente – La numerología... Cuando repites el año debido a tu cero en matemáticas.

Federica – Si no es bueno en los estudios, lo mandaremos a la Escuela de Hostelería...

Alicia – ¡Por favor, sírvanse! El bufé está aquí...

Se dirigen hacia el bufé. Jaime aprovecha para meter disimuladamente una mano en las nalgas de Margarita.

Margarita (*en voz baja*) – Por favor, Jaime, no aquí...

Vicente – Carlos, ¿te tomas algo? Eres el héroe del día, ¿no?

Carlos – Sí, sí, voy enseguida. (*A Kevin*) Es curioso, nunca me di cuenta de que tu padre me tuteara...

Kevin – Yo tampoco.

Carlos – No estoy seguro de que me guste mucho. Es cierto, el hecho de que se acueste con mi hija no le da derecho a ser tan familiar conmigo.

Kevin – ¿Hablas de mi madre, verdad?

Carlos – No sé de dónde lo sacó, ese. Pero es mi culpa... No debería haber dejado que tu abuela se encargara de su educación.

Kevin – ¿Sabes que puse tu libro en Amazon?

Carlos – ¡Amazon! ¡No pronuncies esa palabra aquí, desgraciado! No se habla de cuerda en casa del ahorcado...

Kevin – ¿Por qué?

Carlos – ¡Amazon es la muerte de las pequeñas librerías de barrio!

Kevin – Sí, pero el libro en papel ha pasado de moda... Y hoy en día, ¡si no creas sensación en las redes sociales!

Carlos – ¿Lo has leído?

Kevin – ¿Qué?

Carlos – ¡Mi libro! Antes de subirlo en línea...

Kevin – Todavía no... Pero como me enviaste el archivo... Hice un ebook rápido y lo puse a la venta en Amazon.

Carlos – ¿A la venta? (*Irónico*) Y, ¿se vende bien, dímelo?

Kevin – Todavía no he tenido tiempo de revisar las estadísticas...

Carlos (*suspirando*) – Bueno, al final... Tienes razón, Kevin. ¿Sabes lo que dijo Einstein? Un hombre que ya no es capaz de maravillarse ha dejado de vivir... Para mí, es demasiado tarde. Pero tú... Si a tu edad ya no sueñas...

Kevin – Acabas de publicar tu primera novela... A casi setenta tacos...

Carlos – Sesenta, Kevin... Setenta era tu otro abuelo. El que murió de viejo hace tres meses, ¿sabes?

Alicia vuelve.

Alicia – ¿Qué son esas conversaciones a media voz?

Carlos (*avergonzado*) – Estábamos hablando de su aplicación para teléfono móvil... Es divertido, ¿no?

Kevin – Voy a tomar una copa de champán, ¿vale?

Carlos – Ya verás, es de lo bueno... Dom Pérignon... Pero despacio, eh... Es muy fuerte...

Kevin se aleja hacia el bufé.

Alicia – Y yo, ¿me dedica también ese libro o no?

Carlos – Por supuesto... Esta novela es un poco nuestro bebé a los dos, ¿no?

Carlos garabatea algo en el libro. Alicia mira.

Alicia – Qué amable. Estoy muy conmovida.

Secuencia emocional. Incomodidad entre ellos. Llega Flora, la periodista de La Gaceta, con una cámara colgada al cuello.

Alicia – ¡Ahí está Flora!

Carlos – ¿Flora?

Alicia – La periodista de La Gaceta...

Flora – Espero no llegar demasiado tarde.

Alicia – ¡Para nada! ¿Quieres tomar algo? Tenemos sidra...

Flora – Estaré bien por ahora, gracias...

Carlos – Gracias por venir. Me imagino que con este reportaje sobre mi primera novela no ganarás el Premio Pulitzer...

Flora – Depende...

Carlos – ¿Ah sí? ¿Y de qué?

Flora – Si con esta primera novela ganas el Premio Nobel...

Alicia parece deseosa de interrumpir esta amable conversación.

Alicia – Carlos, tal vez sea el momento de decir unas palabras...

Carlos – ¿En serio? Pero aún no ha llegado todo el mundo, ¿no?

Alicia – La prensa está aquí, eso es lo principal. No hagamos esperar a la señora...

Flora – Sobre todo porque no podré quedarme mucho tiempo. Todavía tengo el banquete anual del Club Senior de Danza de Salón y la inauguración de la nueva rotonda.

Carlos – En ese caso...

Alan llega, con un traje y corbata apretados de modesto empleado de oficina.

Alan – Perdona, Carlos... Llego un poco tarde...

Carlos – ¡Ah, Alan! Solo faltabas tú...

Alan – No me iba a perder esto, ya te lo imaginarás.

Carlos – Les presento a Alan, un antiguo compañero de Correos que aún no ha tenido la suerte de ser despedido como yo...

Alicia – Encantada, Alan...

Carlos – Llegas justo a tiempo... Casi te pierdes mi discurso...

Alan – Estoy aprovechando mi hora del almuerzo.

Carlos – La hora del almuerzo es para el empleado de oficina lo que el paseo por el patio es para el prisionero en la cárcel.

Alan – No estás equivocado.

Carlos – Por eso estoy feliz de que me hayan concedido una liberación anticipada...

Alan – ¿Sabes que ha empeorado desde que te fuiste? Ahora, Correos también propone productos financieros...

Alicia golpea algunas veces una copa con una cucharita para llamar la atención.

Carlos – Perdona un momento, tengo que decir unas palabras a la prensa...

Kevin recibe un mensaje de texto y se aleja un poco.

Kevin – Disculpen...

Carlos – Queridos amigos, primero quiero...

Kevin (*en voz alta*) – ¡Google quiere comprarme mi aplicación!

Carlos se ve interrumpido en su discurso.

Vicente – ¿Qué?

Kevin – ¡Mi aplicación de numerología! ¡Acabo de recibir un mensaje del CEO de Google!

Asombro general.

Federica – ¿El CEO de Google?

Vicente – Pero cuando dices comprar... ¿Realmente puede ser muy lucrativa la venta de una aplicación para teléfono móvil?

Jaime – Oí hablar de una historia así no hace mucho. Un chico de 17 años en Inglaterra. Vendió una aplicación a Facebook por 30 millones de dólares.

Vicente – ¡30 millones!

Federica – ¡Es incluso mejor que ganar la lotería!

Sus padres lo miran con nuevos ojos.

Vicente – Estaba seguro de que mi hijo era un genio desconocido...

Federica – ¿Recuerdas cuando repitió en primaria?

Vicente – Le hicimos hacer una prueba para ver si no era superdotado.

Federica – Nos preguntábamos si eso no explicaba por qué iba tan mal en la escuela.

Vicente – O si simplemente era totalmente estúpido.

Federica – De hecho, la prueba no reveló ningún signo de genialidad.

Jaime – A veces, se equivocan...

Kevin – Me ofrecen 10 millones.

Federica – ¿De euros?

Kevin – De dólares.

Federica – ¿A cuánto está el dólar hoy en día?

Jaime – Un poco menos de un euro, creo.

Vicente – Les diremos que no es suficiente...

Federica – ¿Crees?

Vicente – Si quieres, negociaré eso por ti. Pero hagámoslo esperar un poco... ¡Eh! Podrías invertir tus ganancias en el negocio de tu padre, para hacerlas fructificar...

Kevin – Sí, veremos...

Vicente – Las nuevas tecnologías, internet, todo eso está bien para hacer un golpe... Pero para invertir tu capital, créeme... La carpintería industrial es sólida...

Kevin – Sí, hay que ver...

Federica – Y además, tienes 17 años... Todavía no estás en edad de gestionar tu dinero solo...

Kevin – Cumpliré 18 años en un mes...

Vicente – Pero soy tu padre, después de todo...

Jaime – ¿Pero quién firma ese mensaje?

Kevin mira su pantalla.

Kevin – Steve Jobs...

Alan – Steve Jobs, ¿es el CEO de Google?

Jaime – Steve Jobs es de Apple, ¿no?

Alan – Sí... Y sobre todo, está muerto... Hace muchos años...

Jaime – Tal vez montó una start-up allá arriba...

Kevin mira de nuevo su pantalla.

Kevin – Maldición, es el número de mi amigo Karim. Él fue quien me envió el mensaje. Es una broma...

Decepción de los padres.

Federica – Te dijimos que no soñaras, Kevin...

Vicente – Un genio, claro... Lo mandaremos a la Escuela de Hostelería, sí...

Carlos – Bueno, creo que mi pequeño discurso será para más tarde... Les propongo que pasemos directamente al bufé...

Alicia le tiende una copa de champán a Alan.

Alicia – Tome, Alan, beba algo.

Alan – Gracias.

Flora – ¿Usted también es cartero?

Alan – Ya no, lamentablemente. Al menos estaría al aire libre y tendría la sensación de servir para algo. Ahora soy consejero financiero...

Alicia – Ah, sí...

Alan – Consejero... Como si estuviéramos aquí para aconsejar a los clientes... Mientras estamos aquí solo para robarles sus ahorros, vendiéndoles productos financieros tóxicos...

Alicia – Y usted, Carlos, ¿no extraña demasiado su trabajo de cartero?

Carlos – Un poco, sí. El contacto con toda esa gente durante mi recorrido. Llevarles las buenas y las malas noticias. Un cartero es un poco como una paloma mensajera...

Alicia – Por desgracia, las cartas escritas a mano y enviadas por correo se han terminado. Hoy en día, tal vez Cervantes escribiría mensajes de texto...

Alan – Correos se ha convertido en un banco más. Me contrataron en un servicio público. Y hoy, me veo obligado a colocar créditos al consumo a asalariados que ya están endeudados.

Carlos – Vamos, no todo en la vida es trabajo... ¿Sigues jugando a la petanca?

Alan – Estoy muy mal, Carlos... De verdad. Tengo las bolas bajas...

Flora toma una foto de Carlos antes de dirigirse a él.

Flora – ¿Puedo hacerle algunas preguntas para mi artículo? Ya que no ha querido regalarnos un discurso...

Carlos – Claro... (*A Alan)* Disculpa, vuelvo enseguida...

Alan parece completamente deprimido. Se dirige a Vicente.

Alan – ¿Alguna vez has pensado en el suicidio?

El teléfono de Vicente suena.

Vicente (*a Alan*) – Disculpa un momento, estaré contigo enseguida... (*A su interlocutor telefónico*) ¿Sí? No, no, no me molesta. De hecho, quería llamarle para discutir sobre este pequeño descubierto...

Sale de la habitación para contestar.

Alicia – Voy a buscar algunas botellas...

Jaime – ¿Puedo ayudarte con el servicio?

Alicia – ¿Por qué no?

Alicia y Jaime salen.

Flora – Eres el único escritor que tenemos en el municipio...

Carlos – Me lo imagino, de lo contrario seguramente habrías elegido entrevistar a otro...

Flora – Entonces, Carlos, ¿de qué trata este libro?

Carlos – Voy a dedicarte un ejemplar, así podrás leerlo antes de escribir tu artículo...

Flora – Es amable, pero preferiría que me dieras un resumen... Mi artículo debe salir mañana por la mañana...

Carlos – Lo veo... Bueno, digamos que... es un poco autobiográfico, de hecho...

Flora – Mi Parte de Sombra...

Carlos – Hay que entenderlo en sentido figurado, obviamente...

Flora – Ya veo...

Carlos – ¿En serio?

Flora – Todos tenemos nuestra parte de sombra, supongo...

Carlos – ¿Cuál es la tuya, Flora?

Flora – Maté a mis padres y los tengo embalsamados en mi desván desde hace unos diez años. Seguramente escribiré un libro al respecto algún día. Pero estamos aquí para hablar de ti, ¿no?

Carlos – Mi parte de sombra, yo la veo más bien bajo una sombrilla... Detesto estar bajo la luz directa...

Flora – Es bastante paradójico... Todos los autores buscan cierto reconocimiento, supongo...

Carlos – Ese es precisamente el tema de mi novela.

Alan se acerca a Kevin.

Alan – ¿Ya has trabajado, muchacho?

Kevin – No...

Alan – Verás, cuando te asignan tu número de seguridad social para tu primer empleo, te cae una cadena perpetua.

Kevin parece un poco desconcertado. Pero su teléfono suena y contesta.

Kevin – Sí, Karim... Eres realmente tonto, ¿verdad?

Se aleja para continuar la conversación. Alan abandona la habitación. Vicente regresa, aparentemente preocupado.

Carlos – ¿Un problema?

Vicente – Solo un pequeño problema de liquidez temporal. Pero ¿sabes qué? Creo que voy a vender la mitad de la empresa a los chinos, para impulsar mis perspectivas de desarrollo. Deberías haber lanzado tu libro en China. Imagina, más de mil millones de lectores potenciales. Los chinos, créeme, son el futuro...

Carlos – Cuando era joven, solíamos imaginar a los chinos invadiendo el mundo entero. Hoy en día, en nuestras calles, es un ejército de turistas chinos desfilando cargados de bolsas de marcas de lujo. Al final, ya no estamos seguros de quién ganó la Guerra Fría...

Alicia regresa, un poco despeinada y bastante perturbada, seguida por Jaime, con una expresión alegre.

Alicia – En fin, por favor...

Jaime – Podemos reírnos un poco, ¿no?

Alicia se refugia junto a Carlos. Margarita lanza una mirada desconfiada en dirección a Jaime.

Margarita – ¿Qué estabas haciendo en la cocina?

Jaime – Solo estaba echando una mano...

Margarita – Echando una mano... Ya veo...

Carlos – ¿Todo bien, Alicia?

Alicia – Sí, sí, todo bien...

Llega Catarina, una mujer elegante.

Catarina – Hola Carlos.

Carlos – ¡Hola, Catarina!

Le da un beso, luego Catarina se vuelve hacia Alicia.

Carlos – Es mi hermana.

Carlos – ¿Su hermana...?

Carlos – Sí... Bueno... La hija de mis padres, si prefiere...

Alicia – Muy buenos días señora... Pero no sabía que Carlos tenia una hermana...

Catarina – Es que... pasé los últimos años encerrado en un convento.

Alicia – ¿En serio...?

Catarina – No, por supuesto, estoy bromeando... Acabo de salir de la cárcel...

Alicia – Ah... Muy bien...

Carlos – Está bromeando otra vez, por supuesto...

Catarina – Entonces, mi querido hermano, estoy ansiosa por leer tu libro...

Carlos – Es mi primera novela, ya sabes... Siento que me estoy desnudando un poco...

Catarina – Soy tu hermana, después de todo, ya te he visto completamente desnudo. (*A Alicia)* Fue hace mucho tiempo, tranquila.

Carlos – Y tú, ¿cómo estás?

Catarina – Me gustaría decirte que mi vida es apasionante, pero te quiero demasiado para mentirte. Y a diferencia de ti, no puedo refugiarme en la literatura para inventarme otra.

Carlos – Mi talento como escritor es bastante limitado. No me invento otra vida, sabes. Solo me limito, a través de mis libros, a reírme un poco de la mía. Eso me ayuda a encontrarla un poco más soportable.

Gerardo entra. Está vestido de manera elegante y tiene un aire un tanto misterioso. Sostiene una maleta en la mano.

Alicia – Y él, ¿quién es?

Carlos – Ni idea. Después de todo, una sesión de firmas es como una representación teatral. Inesperadamente, puede colarse por error en la audiencia alguien que el autor no conoce...

Alicia – ¿Qué puede haber en esa maleta?

Carlos – Puede preguntarle usted misma...

Alicia se acerca a Gerardo

Alicia (*a Gerardo*) – Hola, ¿le puedo ofrecer una copa?

Gerardo – ¿Por qué no?

Alicia – ¿Quiere que lleve su abrigo?

Él le tiende su abrigo, y ella espera a que también le dé su maleta.

Gerardo – Gracias, pero prefiero mantener mi maleta conmigo.

Alicia – Vuelvo enseguida...

Alicia va a guardar el abrigo entre bastidores.

Catarina – ¿Vienes por la firma?

Gerardo – Parece sorprenderlos.

Catarina – No, no, para nada...

Gerardo – En realidad, estoy aquí un poco por casualidad.

Alicia vuelve y le ofrece una copa a Gerardo

Gerardo – Gracias.

Catarina – ¿Eres amigo de Carlos?

Gerardo toma un sorbo.

Gerardo – Muy peculiar, este champán... Tiene un pequeño regusto a grosella, ¿no es cierto?

Alicia – Sí... Tengo un buen proveedor.

Gerardo – Un pequeño productor en Cataluña, supongo.

Alicia – Más bien una gasolinera en Asturias.

Kevin se aproxima.

Kevin – ¿Que tal, viejo? Espera... Voy a ver si has logrado vender uno o dos ejemplares en Amazon...

Él toca su teléfono. Alan se acerca a Flora.

Alan – Eres periodista, ¿verdad?

Flora – Sí...

Alan – No puedes imaginar el infierno que estamos viviendo ahora, trabajando como consejero financiero en Correos...

Kevin – ¡No es cierto!

Carlos – ¿Qué pasa ahora?

Kevin – ¡2,700 ejemplares!

Carlos – ¿Qué significa eso?

Kevin – ¡Significa que has causado sensación! ¡Y en grande!

Carlos – ¿Es otra broma, es eso?

Kevin – Para nada, ¡mira! (*Le muestra la pantalla de su teléfono*) ¡2,700 ejemplares vendidos! Te has convertido en una estrella, abuelo. Bueno, bajo un seudónimo...

Jaime – Una estrella, no hay que exagerar nada, de todos modos... (*Preocupado*) ¿Qué seudónimo?

Kevin – Gonzalo de Casteladrón...

Carlos – Gonzalo de Casteladrón?

Kevin – Me pareció que sonaba bien para un novelista... "Mi parte de sombra" de Gonzalo de Casteladrón... ¿Qué te parece?

Carlos – Ah, sí, es...

Alicia – ¿Así que se ha pasado al enemigo? ¿Ha puesto su libro a la venta en Amazon?

Carlos – ¡No fui yo, fue mi nieto! Ni siquiera sabía que...

Federica – ¿2.700 ejemplares? Debes haber ganado una pequeña fortuna entonces.

Vicente – ¿A cuánto la copia?

Kevin – 1 céntimo de euro. Gratis no está permitido.

Vicente – Ah, entiendo.

Vicente saca una calculadora de su bolsillo.

Vicente – Veamos... 2.700 ejemplares multiplicados por 0,01 euro... Eso son 27 euros...

Federica – Al menos pagará este magnífico bufé...

Kevin – Puede que sea solo el comienzo...

Alicia – De todos modos, eso significa que tu libro podría interesar a los lectores.

Vicente – Sí... Pero a 1 céntimo el libro...

Kevin – Siempre podemos intentar aumentar el precio.

Federica – Pero ¿se seguiría vendiendo...?

Catarina se encuentra con Gerardo cerca del bufé.

Catarina – ¿También eres un amante de la literatura?

Gerardo – Me gustan los libros, en efecto. Pero solo estoy enamorado de las lectoras. Cuando son tan encantadoras como tú, al menos...

Catarina – Bonita frase para evitar responder.

Gerardo – ¿Cuál era la pregunta?

Sonrisa divertida de Catarina.

Catarina – Supongo que era algo así como – ¿a qué te dedicas y qué puede haber tan valioso en esa maleta que no quieras dejarla en el guardarropa con tu abrigo?

Gerardo – Permíteme cultivar un poco más mi parte de sombra también.

Catarina – ¿Eres espía, verdad? ¿O detective privado? ¿Estás investigando un caso de adulterio?

Jaime se entromete en la conversación.

Jaime (*bromeando*) – ¿No es mi esposa la que te envía, al menos?

Silencio incómodo.

Gerardo – Disculpadme un momento.

Gerardo se va. Catarina parece decepcionada.

Jaime – Entonces, ¿eres la hermana del autor?

Catarina – Sí, eso dicen...

Jaime – ¿Y a qué te dedicas?

Catarina – Trabajo en el servicio de la hora exacta. Soy la que responde al teléfono.

Jaime – Debe de ser apasionante... ¿Y estás casada?

Catarina – Todavía no... Pero si me caso algún día, prometo invitarte a la boda. Perdóname, pero si no voy al baño enseguida, puedo vomitarte encima. (*Está a punto de alejarse.*) No, pero tranquilízate, no tiene nada que ver con tu apariencia física. Tuve que abusar un poco de ese elixir...

Se va.

Jaime (*a Carlos*) – Es cierto que tiene un sabor extraño, esta sidra. ¿Qué es exactamente?

Carlos – Es un cóctel cuya receta quiero conservar absolutamente en secreto. Pero su nombre ya te dará una pista sobre su composición. Lo llamé Kerosene.

El teléfono fijo de la librería suena. Alicia contesta.

Alicia – Sí... Sí... Sí, por supuesto. Un momento, por favor...

Alan (*a Carlos*) – ¿Puedo hablarte un minuto? Realmente tengo miedo de hacer una tontería, ya sabes...

Alicia (*a Carlos*) – Es para ti... Un editor...

Le tiende el auricular.

Carlos (*a Alan*) – Estoy contigo enseguida...

Carlos toma el teléfono. Alan sale, con aire desesperado.

Carlos – ¿Hola? Sí... ¿De verdad? Sí, sí, estoy muy honrado... Bien... Muy bien... Les llamaré próximamente para comunicarles mi decisión... De acuerdo...

Cuelga. Catarina vuelve con Gerardo

Alicia – ¿Estoy soñando o era... la editorial más famosa de España?

Carlos – No está soñando.

Alicia – Esto no es otra broma, ¿verdad?

Carlos – Me temo que no.

Alicia – Y entonces...

Carlos – Quieren publicar mi novela...

Alicia – ¡Es maravilloso! Pero ¿cómo...?

Kevin – ¡El revuelo! ¡En Amazon! (*Mirando su teléfono*) Las ventas subieron a 53,000 ejemplares en apenas unas horas. Al parecer, los editores tradicionales también siguen las estadísticas...

Margarita – ¿Mi esposo va a publicar un libro?

Catarina – Ya había publicado uno, ¿no?

Margarita – Sí, pero quiero decir... Ahora incluso podría ser famoso... ¿Te imaginas las caras de las clientas en el salón si saliera en la portada de las revistas? (*A Flora*) ¿Crees que mi esposo podría salir en la portada de una revista de celebridades?

Flora – Si gana el Premio Nadal, seguro.

Margarita – Parece que no te alegra...

Carlos – Quieren los derechos exclusivos de esta novela y me ofrecen un anticipo para la próxima...

Federica – ¿Cuánto?

Carlos – 50.

Vicente – ¿50 euros?

Carlos – 50,000.

Alicia – ¿50,000 euros?

Margarita – ¿Y no dijiste sí de inmediato?

Carlos – No se ceden los derechos de una novela como se vende un coche usado... Digamos que preferiría seguir siendo el dueño de mi obra.

Margarita – ¿Tu obra?

Carlos – Y además, este editor rechazó tres de mis manuscritos en los últimos diez años, incluido este, por cierto... Y ahora, porque he vendido algunos miles de ejemplares en Amazon...

Alicia – Suben al carro del éxito...

Margarita – Lo importante es que seas publicado, ¿no? Incluso podrías aparecer en la televisión...

Carlos – Sí... A las tres de la madrugada, quizás...

Alicia – Bueno, Carlos... Sin embargo tendrías que pensarlo... Es una propuesta que podría cambiar tu vida...

Carlos – Justamente... No estoy seguro de querer todo este revuelo ahora.

Margarita – ¡Pero hoy en día, la gente mataría a padre y madre por salir en la tele!

Carlos – ¿Para qué cambiar de vida a mi edad? Prefiero quedarme tranquilo. Hacer leer mis obras a mi entorno. A mis amigos. A la gente que realmente me conoce y aprecia...

Margarita – ¡Pero a tu entorno le importan un pepino tus novelas! ¡Cuentas tu vida y ellos ya la conocen!

Vicente – Hay que reconocerlo... Tu vida no tiene ningún interés.

Alicia – Depende de cómo la cuentes...

Margarita – ¡Piensa un minuto, Carlos! Al menos, esto podría reportarnos dinero.

Carlos – ¿Reportarnos?

Alicia considera apropiado relajar el ambiente.

Alicia – ¿Alguien quiere tomar algo más? Para celebrar el éxito virtual de esta novela...

Margarita – Voy a tomar las riendas de tu carrera, ya verás.

Gerardo (*a Catarina*) – La familia... Es importante, la familia...

Catarina – Mmm...

Gerardo – ¿Y tú?

Catarina – ¿Yo?

Gerardo – ¿Qué haces en la vida?

Catarina – Cuando sepas a qué me dedico, es posible que te decepciones horriblemente... Tienes razón, mejor mantener el suspenso el mayor tiempo posible.

Gerardo – Es cierto. Estamos viviendo el momento más hermoso de nuestro amor. Este mágico instante en el que todavía no sabemos nada el uno del otro.

Catarina – Quizás dentro de veinte años, en nuestro sofá viendo la televisión, recordaremos con emoción este maravilloso momento en el que todavía no conocíamos realmente al otro.

Gerardo – Y el recuerdo de esta parte de sombra hará perdurar nuestra relación.

Paula, la cliente, regresa.

Paula – Disculpen la interrupción, estoy buscando un cartucho de impresora... Aquí está la referencia.

Alicia – Se lo doy enseguida... Listo, son 47 euros con 50 céntimos.

Paula – ¡Vaya, es caro!

Alicia – Sí, y eso que es compatible. El cartucho original es más caro que la propia impresora.

Paula – Lo necesito para imprimir un libro electrónico.

Alicia – A ese precio, sería más barato comprar una copia impresa en la librería, ¿no?

Paula – Es verdad... De todos modos, gracias.

Se va.

Alicia – Entonces, ¿qué van a hacer?

Margarita – ¡Pero va a firmar con ese editor, por supuesto! ¡Y llevarse ese cheque de 50,000 euros!

Alicia – Es cierto que también sería bueno para la librería...

Alan regresa con el bidón de gasolina en la mano. Nadie le presta atención. Vierte el contenido del bidón sobre su cabeza. Todos lo miran, perplejos.

Flora – Creo que acabo de encontrar un exclusivo.

Catarina – ¡Pero hay que detenerlo!

Carlos – Es sidra...

Alan saca un encendedor e intenta prender fuego a su ropa, evidentemente sin éxito.

Flora – Es la primera vez que veo a alguien intentar inmolarse con sidra sin alcohol... ¿Organizaron esto especialmente para el lanzamiento de este libro, para alertar al público sobre la muerte programada de las librerías de barrio?

Carlos – Vamos, Alan...

Carlos lo toma del brazo y se lo lleva. Aturdimiento general.

Alicia – Está bien. Solo era un consejero financiero deprimido en busca de sus quince minutos de celebridad.

Federica – Es increíble. Podría haber prendido fuego. Con todo ese papel alrededor de nosotros.

Vicente – Los libros electrónicos, al menos, son como las ventanas de PVC. Son incombustibles.

En ese momento, Gerardo cruza la escena para dirigirse al bar, todavía sosteniendo su maletín. En medio de todo, es empujado por Jaime, que camina sin mirar hacia adelante.

Jaime – Oh, perdón...

La maleta se abre y fajos de billetes se derraman. Consternación general.

Gerardo – Disculpen...

Sin inmutarse, Gerardo recoge los billetes y, en el silencio general, los devuelve al maletín que cierra.

Flora – Es la primera vez que cubro una sesión de firmas en una librería de barrio. No pensé que sería tan movida...

Alicia – Y aún así, esta noche está bastante tranquila... ¿Realmente no quieres tomar algo?

Flora – Sí, ahora sí...

Alicia le tiende una copa, que Flora vacía automáticamente.

Flora – Es sorprendente que después de empaparse con esto, no haya ardido de verdad...

Carlos regresa.

Margarita – ¿Y bien?

Carlos – Está bien, se va a descansar un poco...

Margarita – ¡Hablaba de tu libro!

Carlos – He decidido no firmar.

Gerardo – Es un espíritu independiente que le honra...

Margarita – ¡A ti no te han preguntado nada!

Federica – ¿Estás bromeando, papá?

Carlos – Hace diez años, tal vez. Me ocurre justo cuando ya no lo deseo. Prefiero quedarme libre. El sistema no me quiso. Ahora soy yo quien ya no quiere ese sistema. Tengo casi sesenta años, ya no persigo el dinero ni la gloria.

Margarita – En cuanto al dinero, habla por ti...

Carlos – No confiaré mi libro a esos editores anticuados que siempre me ignoraron porque no formaba parte del club.

Federica – ¿El club? ¿Qué club?

Vicente – Es una metáfora, Federica...

Carlos – Y no quiero que la escritura se convierta en mi trabajo, aunque sea un trabajo bien remunerado.

Margarita – Me decepcionas, Carlos...

Vicente – Nos decepcionas mucho...

Federica – Siempre nos has decepcionado a todos.

Margarita – ¿Prefieres seguir siendo un fracasado, es eso?

Carlos – Sí, creo que eso es en realidad. Con el tiempo, descubrí que hay cierta grandeza en querer seguir siendo un fracasado.

Federica – Es un egoísta...

Margarita – Me estoy divorciando, Carlos... Estoy harta de tus aires de grandeza y de tus frases ingeniosas... (*Señalando a Gerardo*) Y no hace falta que gastes en un detective privado. Todos aquí saben muy bien que me acuesto con el encargado de la Limpieza Pública...

Federica – ¿Te acuesta con el encargado de la Limpieza Pública...?

Flora – Creía que era el encargado de cultura...

Jaime – Estoy cubriéndolo...

Kevin – Yo creo que lo moderno es el open data...

Carlos – Tienes razón, Kevin. Te tomo como webmaster. Vamos a hacer nuestro propio sitio web, ¡y ofreceré todos mis libros para descargar gratis! ¡Así incluso los chinos podrán conocer mi lado oscuro! ¿Verdad, Vicente?

Vicente – Pero entonces no ganarás nada.

Carlos – ¡Me ganaré la gloria!

Kevin – ¡Vamos a joder el sistema, abuelo!

Flora – Si buscan una jefa de prensa...

Gerardo – Este champán tiene un toque de gasolina, ¿me equivoco?

Vicente se acerca a Gerardo

Vicente – Entendí que tiene ahorros para invertir. ¿Puedo recomendarle una buena inversión? El mercado de las ventanas de PVC está en auge en China en este momento...

Gerardo – Lo siento, pero prefiero la madera exótica... ¿Me disculpa un momento? (*Se dirige hacia Carlos.*) Entonces, ¿es tu primera novela?

Carlos – Sí. Supongo que tú tampoco la has leído.

Gerardo – No, pero me dan ganas de hacerlo.

Carlos le entrega un libro.

Carlos – Aquí tienes un ejemplar. Te lo regalo si aceptas llevarlo sin dedicatoria. Me doy cuenta de que no estoy hecho para este tipo de cosas...

Gerardo – Gracias... Pensé que me encontraría aquí con el adjunto de cultura...

Carlos – Sí, de hecho. Pero al parecer fue reemplazado por el adjunto de basura. Perdona...

Se dirige hacia Alicia. Gerardo sale.

Carlos – ¿Puedo preguntarle su número de teléfono?

Alicia – ¿Para qué, si estoy a su lado?

Carlos le tiende su teléfono.

Carlos – Adelante.

Alicia introduce su número en el teléfono de Carlos. Carlos mira la pantalla.

Carlos – 13% de compatibilidad...

Alicia – No es muy alentador.

Carlos – Entonces, ¿por qué aún tengo ganas de intentarlo?

Alicia – Podríamos compartir el mismo teléfono. Lo que significa que la suma de nuestros números respectivos sería estrictamente idéntica...

Sonrisas cómplices. Alan regresa.

Flora – Entonces, compañero, ¿qué te llevó a cometer ese gesto desesperado? Tal vez sería un buen artículo para mi periódico...

Alan – Le voy a explicar todo...

El teléfono móvil de Flora suena.

Flora – Disculpa un momento... Sí, sí, ya voy... OK, hasta luego... (*A Alan*) Lo siento, pero ahora no tendré tiempo... ¿Te contacto más tarde?

Flora se prepara para irse. Paula, la cliente, vuelve.

Paula – Lamento mucho molestarlos, pero el compatible que me vendieron no funciona con mi impresora...

Alicia – Ah... La compatibilidad no es una ciencia exacta.

Paula – A diferencia de la contabilidad.

Alicia – Vamos a ver eso...

El teléfono móvil de Carlos suena.

Carlos – ¿Hola? Sí... Espere un minuto, por favor... (*A Alicia*) Es un productor que quiere adaptar mi novela para hacer una película... (*A su interlocutor telefónico*) Le paso a mi agente...

Le pasa el teléfono a Alicia, sorprendida y halagada.

Alicia – Sí... Sí, soy la agente de Gonzalo de Casteladrón... Claro, pero... No les ocultaré que ya tenemos otra propuesta bastante tentadora. De acuerdo... Muy bien, gracias... Entonces, hasta pronto... Ofrece el doble de lo que nos ofrece el otro productor.

Kevin – ¿Qué otro productor?

Carlos – Y entonces...

Alicia – Acepté...

Carlos – ¡Qué aventura...

Los demás están asombrados.

Alicia – El doble es genial.

Carlos – Pero el doble de qué?

Paula se acerca a Carlos, pero es interceptada por Jaime.

Jaime – ¿Me permites que te invite a tomar algo?

Paula – ¿Por qué? ¿El bufé es de pago?

Paula continúa hacia Carlos.

Paula – Escuché tu conversación... ¿Así que tú eres Gonzalo de Casteladrón? Justo había descargado tu novela en Amazon porque vi que encabezaba las ventas...

Carlos – ¿La leíste?

Paula – Todavía no. Odio leer en pantalla. Pero no sabía que estaba editado en papel... Si no, no me habría arruinado en cartuchos de tinta para mi impresora. ¿Puedes firmarme un ejemplar?

Carlos – ¡Pero por supuesto! ¿Cuál es tu nombre?

Paula – Paula.

Él toma un libro de la pila, escribe una dedicatoria en la página de título y le entrega la novela.

Carlos – Aquí tienes, Paula. Podrás leerlo en la playa...

Paula – Gracias...

Carlos – ¿Tu peluquera no te hizo esperar mucho?

Paula – Las peluqueras, ya sabe... Son tan parlanchinas. Con todo lo que se escucha en la peluquería, le aseguro que podría escribir una novela.

Carlos – Debería ir más seguido entonces...

Paula – Mira, por ejemplo, según lo que me contaron antes, la dueña del salón tendría un amante...

Carlos – ¿No me digas?

Paula – En cualquier caso, ¡bravo por tu novela!

Margarita se acerca.

Margarita – Es mi esposo...

Carlos – Era, Margarita... Era mi esposo...

Carlos se aparta de Margarita.

Kevin – Soy su representante... ¿Puedo ayudarte?

Paula – ¿Ayudarme?

Kevin – Podrías empezar por darme tu número de teléfono, por si acaso...

Paula – Ah, sí, claro...

Kevin – Estoy escuchando.

Paula coge el teléfono de Kevin y marca su número.

Paula – Aquí lo tienes...

Kevin – ¡84%! ¡Excelente!

Paula – Es el número de los bomberos... ¿Por lo menos eres mayor de edad?

Kevin – Bueno, lo seré en unos meses...

Paula sonríe divertida.

Catarina – Es una aplicación que inventó mi sobrino. El grado de compatibilidad amorosa basado en el análisis comparado de los números de teléfono de cada uno.

Gerardo – No sé si funciona, pero es divertido.

Catarina – De todos modos, el amor, nunca se sabe demasiado en qué consiste, así que, ¿por qué no la numerología?

Gerardo – ¿Me dejarás tu número de móvil?

Catarina – Te reirás, pero no tengo...

Intercambio de sonrisas.

Carlos – Entonces, Alicia, ¿feliz?

Alicia – Mucho...

Se siente al autor muy cerca de la librera. Alan se acerca, renovado en su traje y corbata.

Alan – Lo siento, pero es el final de mi hora del almuerzo. Si no quiero llegar tarde. Pero creo que me hizo bien poder hablar un poco con todos ustedes...

Alicia – Está bien, está bien...

Carlos – A mí también me alegró verte, Alan... Llámame si te sientes decaído, ¿de acuerdo?

Alan – De acuerdo.

Carlos – Por cierto, ni siquiera te he dedicado mi libro.

Carlos toma un libro de la pila, garabatea algunas palabras en la primera página y se lo entrega a Alan, que lee la dedicatoria.

Alan – A mi amigo Alan... Gracias, es amable...

Alan se va. Carlos ni siquiera se atreve a mirar a Alicia.

Carlos – Sí... No siempre es fácil encontrar una pequeña palabra original para cada uno...

Catarina (*a Gerardo*) – ¿Eres realmente detective privado?

Gerardo – No.

Catarina – No me hagas esperar más, podría cansarme.

Gerardo – Digamos que estoy en los negocios.

Catarina – Y los negocios parecen ir bastante bien, al parecer.

Gerardo – Cuando uno sabe correr riesgos y tiene un poco de imaginación... De hecho, aún no lo sabe, pero voy a comprarle la aplicación a Kevin.

Catarina – ¿Entonces realmente se convertirá en millonario?

Gerardo – Le daré unos cientos de euros. Sin embargo, le ofreceré un puesto de investigación y desarrollo en la start-up que acabo de crear en las Islas Caimán. Su idea es completamente estúpida, pero al menos tiene ideas.

Catarina – Las Islas Caimán... Entonces eso era tu parte oscura...

Gerardo – Te dije que te decepcionarías cuando supieras quién era yo...

Catarina – No dije que estuviera decepcionada.

Gerardo – ¿Te gustaría un lugar a la sombra en mi sombrilla?

Catarina – ¿En las Islas Caimán? Tengo un poco de miedo de los viejos cocodrilos...

Gerardo – En mi paraíso fiscal, solo hay algunos tiburones. Pero nadie va a las Islas Caimán por sus playas, ¿verdad? Y tengo mi propia piscina... ¿Entonces es un sí?

Catarina – ¿Por qué no? Ingresaré al convento justo después... Pero ¿qué te trajo a esta librería hoy?

Gerardo – El destino, seguramente. Y una maleta llena de billetes que debía entregar al adjunto de cultura de tu encantadora ciudad. Pero al parecer, no pudo venir...

Catarina – Debe haber tenido algún impedimento... Sabía que eras amigo de las artes y las letras. Ahora descubro que también eres mecenas.

Gerardo – No se lo digas a nadie, pero en este caso se trata más bien de un oscuro asunto de financiamiento oculto, fraude fiscal y blanqueo de dinero.

Catarina – Sí, eso es lo que decía.

Gerardo – Pero aún no me has dicho a qué te dedicas.

Catarina – Soy inspectora en la brigada financiera. Nos pagan una miseria, ¿sabes? Pero yo también iba a ofrecerte un lugar a la sombra...

Gerardo – Escondes bien tus cartas.

Catarina – ¿Te pongo las esposas de inmediato o esperamos a salir?

Gerardo – Las esposas son solo el símbolo del amor que nos unirá para siempre, ¿verdad?

Catarina – Déjame guardar mi parte de misterio unos minutos más.

Salen juntos. Negro.

Fin

Febrero de 2024

www.ingramcontent.com/pod-product-compliance
Lightning Source LLC
La Vergne TN
LVHW010506160826
845677LV00012B/2697

* 9 7 8 2 3 8 6 0 2 1 4 9 7 *